Stip

Ponyhandboek

WITTE LEEUW

Dit is Stip, een ondeugende, grappige en lieve Shetlandpony met stippen. Hij is kampioen ontsnappen en door de modder rollen en is altijd in voor een avontuur (en een lekker hapje).
Stip bestaat echt. Kom je hem een keer knuffelen bij Avonturenboerderij Molenwaard?

Inhoud

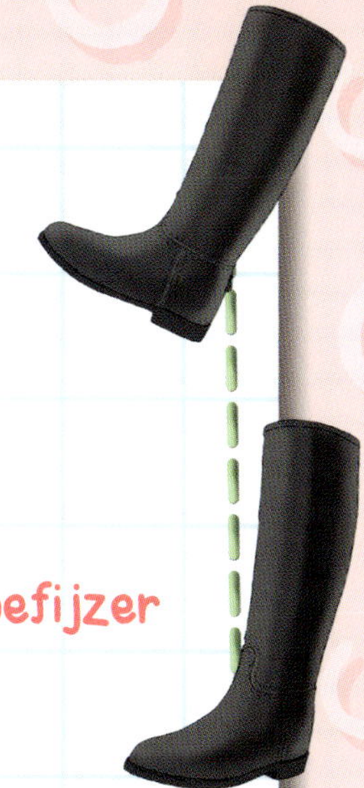

Hoi ponyfan!

Ik ben Emma, en dit is Stip. In dit handboek ontdek je van alles over pony's en paarden. Van borstelen tot hoeven uitkrabben, van de stal uitmesten tot een paardenknoop maken en van knuffelen tot paardentaal leren en nog veel meer... Lees snel verder!

Groetjes en hoefjes,

Emma en Stip

Kom je een moeilijk woord tegen? Kijk dan naar de woordenlijst achterin (blz. 60).

Omgaan met je pony

Hoe benader je een pony?

Loop altijd rustig naar je pony toe. Laat hem weten dat je eraan komt: praat zacht tegen hem. Geef hem de kans om zelf naar je toe te komen. Ren of schreeuw nooit in de buurt van een pony. Pony's zijn vluchtdieren en schrikken van plotselinge geluiden of bewegingen.

TIP! Loop nooit vanaf de achterkant naar een pony. Als hij je niet heeft gehoord of gezien, kan hij van schrik naar achteren schoppen. (Au!)

Hoe beloon je een pony?

Als je pony heel braaf is geweest of iets goed heeft gedaan dan kun je hem belonen. Je kunt lief tegen hem praten, zijn hals aaien of kriebelen. Je kunt je pony ook iets lekkers geven. Doe dit niet te vaak en ook niet zomaar: pony's kunnen net als honden gaan bedelen.

Zo geef je iets lekkers

Geef een pony of paard altijd met een vlakke hand een paardensnoepje of iets anders eetbaars, zoals een appel of een wortel. Dan bijt hij je niet per ongeluk in je vingers!

DIY: Maak een ponytaart

Dit heb je nodig:

4 kleine wortels

1 appel, geraspt of in kleine stukjes

Kwart schep biks (paardenbrokken)

Scheutje warm water

4 sneetjes bruinbrood

Zo moet het:

1

Scheur de 4 sneetjes brood in kleine stukjes en leg in een emmer.

2

Doe hier een kwart schepje biks bij.

3

Meng dit met een glas warm water, zodat het aan elkaar plakt en de biks kan uitzetten. Gebruik niet te veel water anders krijg je paardensoep! Laat het mengsel afkoelen en wacht tot de biks uit elkaar valt.

4

Snij de appel in dunne plakjes en roer die door het mengsel in de emmer.

5

Schep het mengsel op een (niet-breekbaar) bord (of laat het gewoon in de emmer zitten).

6

Zet de 4 kleine wortels rechtop in de taart, alsof het kaarsjes zijn, en klaar!

Wat eten pony's?

Pony's eten vooral gras en hooi. Of kuilgras, dat is een mengsel van gedroogde grassoorten. Als pony's hard moeten werken, hebben ze soms wat extra's nodig. Dat noem je krachtvoer, meestal zijn dat brokjes, dat noem je biks. Pony's eten het liefst de hele dag (en het liefst 's nachts ook) kleine beetjes eten.

Een tussendoortje of iets lekkers

Wil je je pony een lekker tussendoortje geven? Geef dan bijvoorbeeld een wortel, appel, peer of banaan (ja, echt!). Ook zijn er speciale paardensnoepjes te koop in allerlei smaken. Je kunt ook een liksteen in de stal van je pony hangen. Een liksteen is een gezonde traktatie die bovendien helpt tegen verveling op stal, want je pony is hier uren zoet mee. (Het is eigenlijk een soort lolly!)

Een band opbouwen met je pony

Als echte ponyfan ben jij waarschijnlijk dol op knuffelen met je lievelingspony, borstelen en paardrijden. Paardrijden is een teamsport: jij bent samen met je pony een team. En misschien heeft je pony niet altijd zin om geknuffeld, geborsteld of bereden te worden. Let daarom altijd goed op de lichaamstaal van je pony. Is je pony ontspannen als jij bij hem bent, dan voelt hij zich op zijn gemak bij jou. Hoe je dat kunt zien, lees je verderop in dit boek bij het hoofdstuk over paardentaal. (blz. 18).

Wil je een goede band opbouwen met je pony? Dan helpen de volgende tips:

- Als pony's elkaar lief vinden, geven ze elkaar geen kusje of knuffel zoals mensen doen, maar krabbelen of 'krauwen' ze elkaar. Veel pony's vinden het fijn als je met je hand of een borstel stevig kriebelt op hun favoriete plekje. Als je pony zijn hals strekt en zijn bovenlip uitsteekt terwijl je hem borstelt, heb je dat plekje gevonden. Dat betekent: Dit vind ik fijn!
- Breng veel tijd door met je pony. Zo leer je hem het beste kennen. Want pony's zijn, net als mensen, allemaal anders!
- Praat tegen je pony. Ook al zegt hij niks terug, hij raakt zo wel gewend aan je stem. Let er wel op dat je altijd rustig tegen hem praat. Dus niet roepen of schreeuwen.

TIP! Veel pony's vinden het fijn om geborsteld te worden bij de schoft, dat is het bultje dat de hals met de rug verbindt. Probeer ook eens voorzichtig achter de oren van je pony te kriebelen of boven de staart. Let goed op om te ontdekken wat jouw lievelingspony fijn vindt.

DIY: Maak een dromenvanger van een hoefijzer

Een dromenvanger houdt nare dromen tegen. Alleen de mooie dromen komen door het web. Je kunt er een zelf maken. Bijvoorbeeld van het hoefijzer van je lievelingspony. Kan dat niet of heeft je pony geen hoefijzers? Vraag dan op de manege of je een oud hoefijzer mag hebben. Succes met knutselen en daarna... Slaap lekker!

Wat heb je nodig?

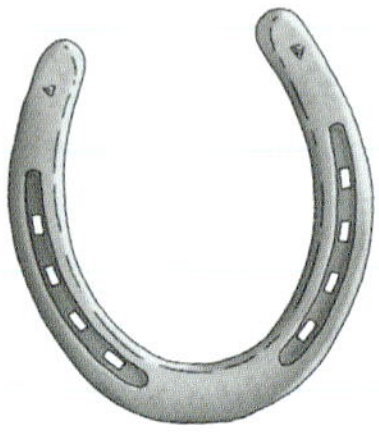

Hoefijzer

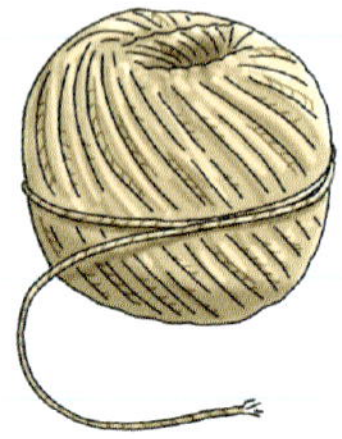

Draad
(bijvoorbeeld jute)

Kralen of bedeltjes

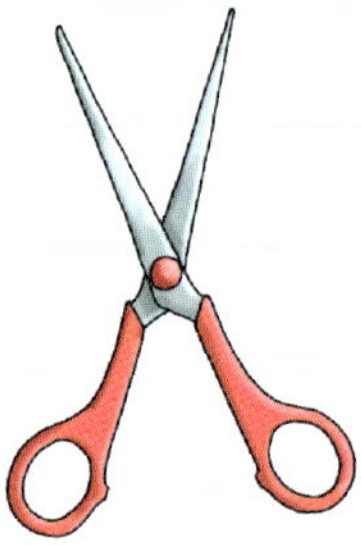

Schaar

Veertjes

Extra versiering
(bijvoorbeeld schelpen)

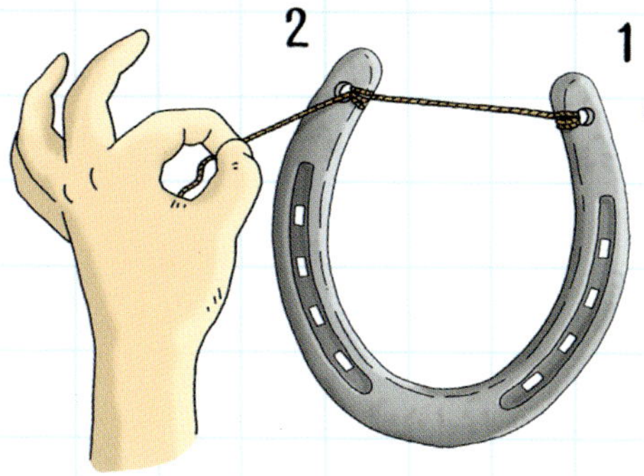

Stap 1

Knoop de draad om het rechter uiteinde van het hoefijzer. Trek de draad daarna naar het andere uiteinde van het hoefijzer. Draai het er een paar keer omheen. Zorg dat de draad strak staat.

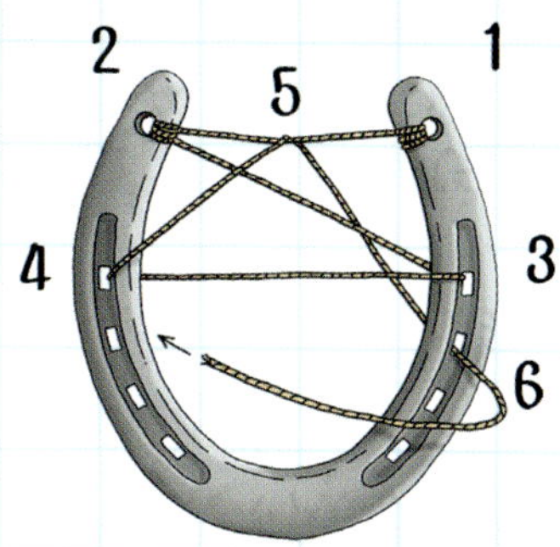

Stap 2

Rijg de draad door alle gaten in het hoefijzer. Draai de draad ook af en toe om de al gespannen draden. Zo krijg je een 'spinnenweb'-effect. Zorg dat de draad zo strak mogelijk blijft.

TIP! Je kunt af en toe een kraal aan de draad rijgen om de dromenvanger te versieren.

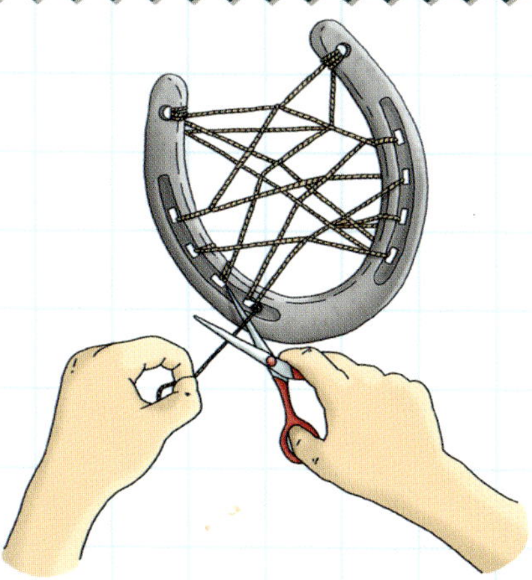

Stap 3

Is je web klaar? Maak dan een stevige knoop in de draad en knip af.

TIP! Doe dit aan de achterkant van het hoefijzer, dan zie je de knoop niet.

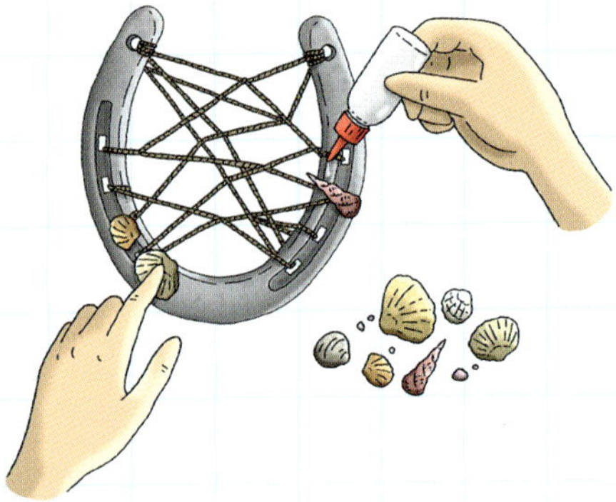

Stap 4

Nu kun je hoefijzer-dromenvanger gaan versieren. Lijm er bijvoorbeeld schelpjes of kunstbloemen op.

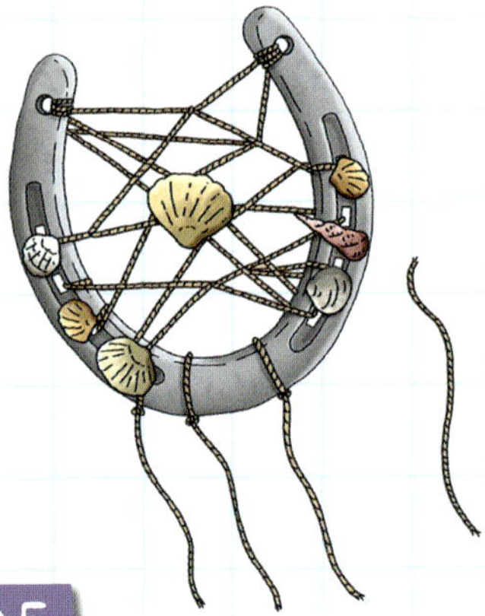

Stap 5

Kies hoeveel draadjes je aan de onderkant van je dromenvanger wilt. Knip een paar draadjes op gelijke lengte en knoop vast aan de onderkant van het hoefijzer. (Maak de knopen weer aan de achterkant.)

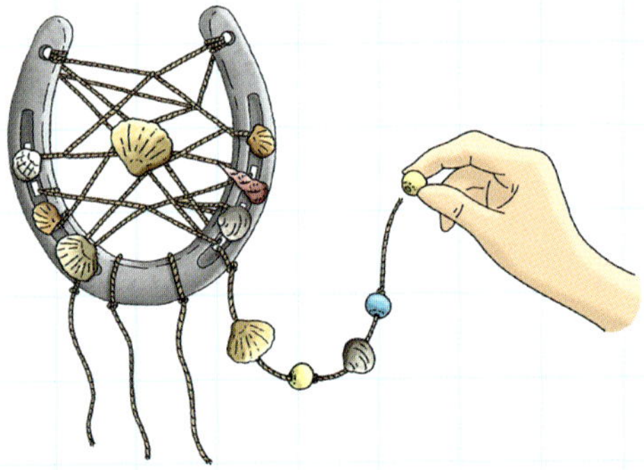

Stap 6

Rijg een paar kralen aan de draadjes. Maak af en toe een knoop, zodat de kralen er niet afglijden. Of plak er een paar schelpen of kunstbloemen op – doe wat jij mooi vindt.

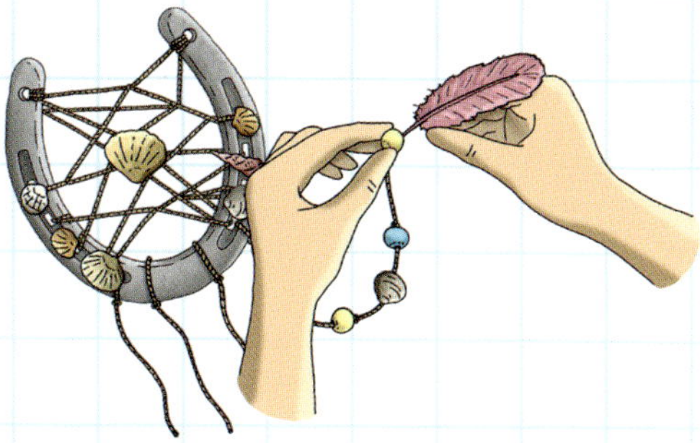

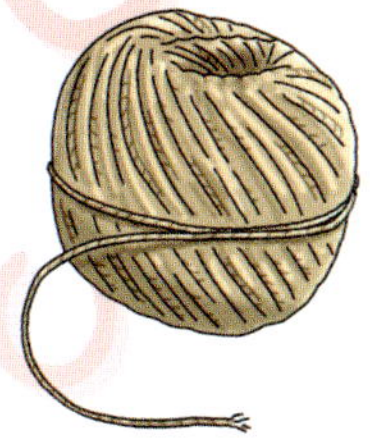

Stap 7

Voeg veren toe aan je dromenvanger. Duw het uiteinde van een veertje in de opening van een kraal. Zo blijft het veertje hangen.

TIP! Met een druppeltje lijm blijven de veertjes zeker goed vastzitten!

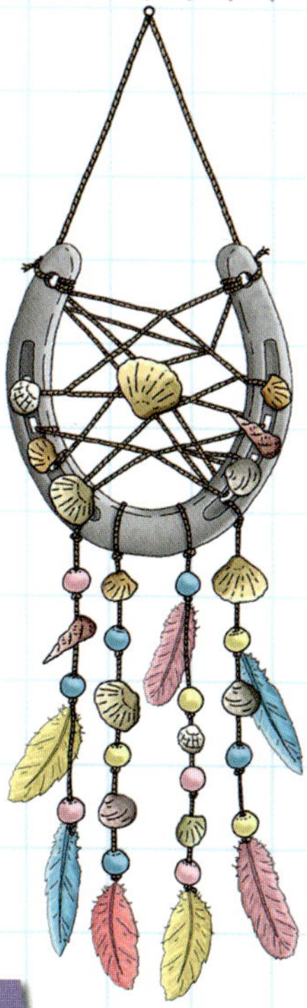

Stap 8

Bind nog 1 draad aan de twee bovenste uiteinden van het hoefijzer. Hiermee kun je je dromenvanger ophangen. Je dromenvanger is klaar! Nooit meer een nachtmerrie, maar mooie (paarden)dromen!

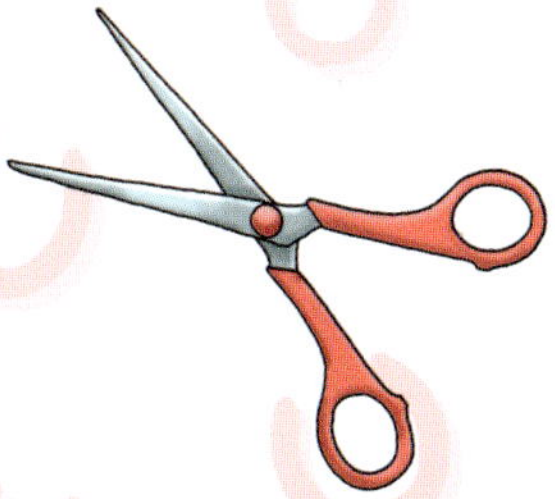

Paardentaal

Geluiden

Pony's kunnen niet praten, maar de geluiden die ze maken, betekenen wel iets. Ze kunnen bijvoorbeeld:

Hinniken
Contact zoeken met andere pony's, elkaar waarschuwen of 'hallo' zeggen tegen een andere pony of mens.

Briesen
De pony is nieuwsgierig of bang. Of fris, dan heeft hij zin om aan de slag te gaan.

Grommen
Dit geluid maakt een pony als hij bang of boos is.

Gillen
De pony maakt dit geluid om zichzelf te verdedigen. Het betekent: Tot hier en niet verder!

Lichaamstaal

Pony's gebruiken lichaamstaal om met elkaar te praten. Aan de manier waarop ze hun oren, hoofd, mond, benen en staart bewegen, kun je zien hoe ze zich voelen. Het is dus superhandig als jij die paardentaal ook leert herkennen, want dan begrijp je je pony beter. Het werkt ook andersom: pony's zijn heel gevoelig en reageren ook op de lichaamstaal van mensen! Je kunt een pony niet voor de gek houden: als jij je niet fijn voelt, merkt hij dat meteen.

Lichaamstaal herkennen

Hieronder vind je voorbeelden van lichaamstaal van je pony. Er zijn nog veel meer signalen die een pony je kan geven. Hoe meer tijd je met je pony doorbrengt, hoe beter je al zijn signalen leert kennen.

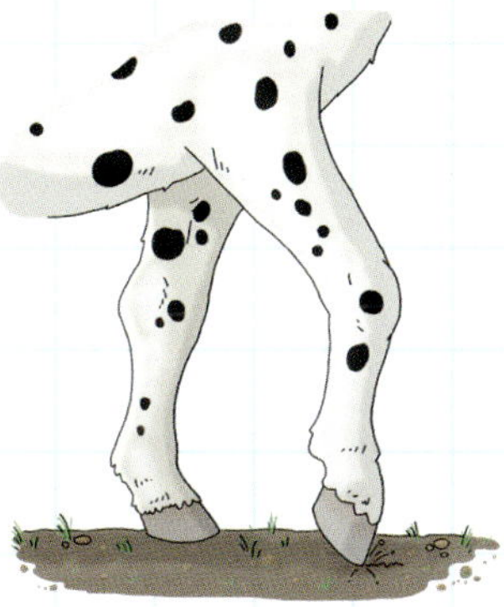

Schrapen met de voorste hoef

Je pony is ongeduldig of verveelt zich.

Tanden laten zien

Kijk uit, je pony is boos en kan gaan bijten!

Flemen

Zo heet het als een pony zijn bovenlip optrekt en zijn hoofd omhoog doet. Het ziet er grappig uit. Een pony doet dit als hij iets ruikt dat hij niet kent.

De oren van je pony

Een pony draait zijn oren vaak in de richting van een geluid dat hij hoort. Of van een geur die hij ruikt of iets wat hij in de verte ziet. Maar je kunt ook aan hoe zijn oren staan, zien hoe hij zich voelt.

Oren naar voren

De pony is blij, alert of nieuwsgierig.

Oren hangen opzij

De pony is ontspannen. Vaak doet hij dan ook zijn ogen half dicht.

Een oor wijst de andere kant op dan het andere oor

De pony hoort iets aan beide kanten. Wijst één oor wat naar voren tijdens het rijden en de ander wat naar achteren? Dan let hij op wie er op zijn rug zit en ook op wat er om hem heen gebeurt.

Oren plat in de nek

De pony voelt zich niet prettig. Hij is geïrriteerd, boos of heeft pijn.

Oren naar achteren (niet plat)

De pony concentreert zich of hoort iets achter zich.

Oren draaien snel heen en weer

Je pony is alert of bang en houdt de omgeving goed in de gaten. Door zijn oren te bewegen hoort hij zo veel mogelijk van wat er allemaal om hem heen gebeurt.

Wat de staart van je pony zegt

Pony's gebruiken hun staart niet alleen om vliegen weg te jagen. Aan hun staart kun je ook zien hoe ze zich voelen.

Ontspannen staart

Ontspannen staart: als je pony zijn staart in deze houding ontspant, voelt hij zich prettig en relaxed. De staart hangt losjes omlaag en beweegt zachtjes mee met de bewegingen van je pony.

Naar beneden geklemde staart

Als een pony zijn staart naar beneden drukt, is hij nerveus of gestrest.

Snel heen en weer zwaaien

Als je pony langzaam met zijn staart zwaait, jaagt hij waarschijnlijk vliegen weg. Maar als hij snel met zijn staart zwiept, is hij geïrriteerd of boos. Let dan ook op andere tekens. Liggen zijn oren plat in zijn nek? Laat hij zijn tanden zien? Stampt hij op de grond? Kijk dan goed uit, grote kans dat hij gaat trappen of bokken!

Wat het hoofd van je pony zegt

Ook aan de manier waarop je pony zijn hoofd beweegt en in welke houding je pony staat kun je zien hoe hij zich voelt.

Laag

Houdt je pony zijn hoofd laag? Dat is hij ontspannen, zeker als zijn oren naar de zijkant hangen. Staat je pony op stal of in de wei? Grote kans dat hij uitrust of een dutje doet.

Omhoog

Als je pony zijn hoofd hoog houdt, let hij op iets in de verte. Hij probeert te bedenken of hij moet vluchten of negeren.

Hoofd plotseling schudden of hoofd naar boven opgooien

Hiermee laat je pony zien dat hij geïrriteerd is.

DIY: Manen invlechten - basisvlecht

Manen invlechten kun je doen voor een wedstrijd maar ook gewoon omdat je het leuk vindt om je pony mooi te maken. Er zijn veel verschillende soorten vlechten, zoals knotjes, een hengstenvlecht en een matje. Lees hieronder stap voor stap hoe je een basisvlecht maakt en knotjes. Tip: op YouTube kun je leuke filmpjes over het invlechten van de manen en staart van je pony vinden.

Zorg ervoor dat de manen schoon zijn voordat je begint met vlechten.

Hoe je de manen borstelt lees je op blz. 34.

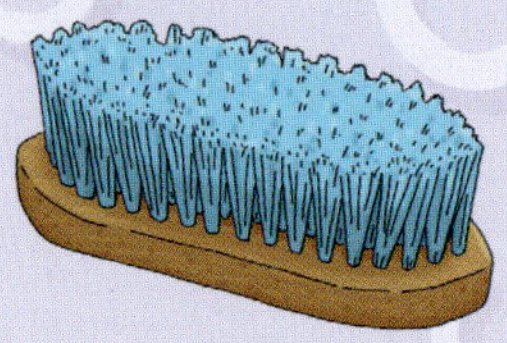

Zo moet het:

1

Kam de manen of de staart goed door, zodat er geen klitten meer in zitten.

2

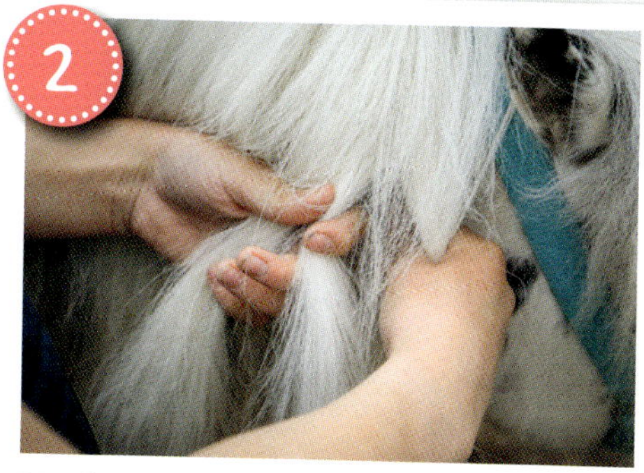

Verdeel het haar (de staart of het plukje manen waarin je de vlecht wilt maken) in drie plukken die even groot zijn.

3

Pak de linker pluk haar en leg die over de middelste pluk. De linker pluk is nu de middelste pluk geworden!

4

Pak de rechter pluk haar en leg die over de middelste pluk haar. Nu is de meest rechter pluk de middelste pluk geworden.

5

Blijf deze stappen herhalen, zodat er een vlecht ontstaat. Vlecht door tot het einde van het haar.

6

Ben je onderaan gekomen en kun je niet meer verder vlechten? Maak de vlecht dan vast met een elastiekje.

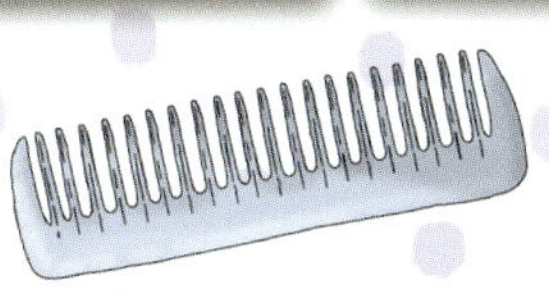

Aan de hand leiden

'Aan de hand leiden' betekent dat je met je pony aan een halstertouw of aan de teugel ergens naartoe loopt. Bijvoorbeeld van de stal naar de wei. Het is belangrijk dat je pony braaf met je meeloopt, stilstaat wanneer jij dat wilt en op jou blijft letten. Loop naast je pony, niet ervoor. Dat is veiliger en zo kun je hem beter sturen.

Zo moet het:

1

Klik een halstertouw vast aan de ring aan de onderkant van het halster.

2

Ga links naast je pony staan en houd het touw op ongeveer 20 cm van de clip van het halstertouw met je rechterhand vast.

3

Houd het einde van het halstertouw vast in je linkerhand.

4

Begin zelf te lopen en zeg 'lopen'. Als het goed is, leert je pony dit woord herkennen en loopt je pony vanzelf met je mee. Trek dus niet aan het halstertouw.

5

Als je stil wilt staan, stop dan zelf met lopen en zegt 'ho'.

LET OP! Bind nooit het halstertouw om je hand. Want als je pony opeens schrikt of wegrent, kun je je pijn doen, vallen of worden meegetrokken.

DIY: Een paardenknoop maken

Om je pony veilig vast te zetten, bijvoorbeeld als je hem wilt poetsen of even wilt vastzetten tijdens een buitenrit, is een 'paardenknoop' bedacht. Deze speciale knoop kan je pony zelf niet gemakkelijk lostrekken, maar jij wel.

Paarden zijn vluchtdieren.

Als een paard vast staat terwijl hij schrikt, zal hij met alle kracht aan het touw trekken om te vluchten. Gebruik dus altijd een stevig halster en halstertouw. Let op: zet daarom nooit een paard vast aan de teugels, want als hij opeens schrikt en wilt vluchten doet dat veel pijn aan zijn mond.

Zo moet het:

1

Sla het touw om ring of spijl van de stal of bijvoorbeeld een stevig hek.

2

Maak in het losse uiteinde een lus.

3

Haal het touw eronderdoor en trek het door de lus heen die je net hebt gemaakt.

4

Nu heb je een tweede lus.

5

Trek het touw aan. Klaar is je paardenknoop!

6

Wil je de knoop weer losmaken? Trek aan het losse uiteinde van het halstertouw. Dan is-ie weer los!

Borstelen

Stip is dol op geborsteld worden, maar nog meer op in de modder rollen! Lees hier hoe je een pony kunt borstelen en ervoor kunt zorgen dat hij er weer (S)tip top uitziet, zelfs als hij in een moddermonster is veranderd!

Waarom borstelen?

Borstelen is niet alleen leuk om te doen, pony's vinden het ook heel fijn. Het is een soort massage! Door je pony vaak en met aandacht te borstelen, versterk je jullie band. En poetsen is ook belangrijk, want door de vacht van je pony te borstelen haal je viezigheid, opgedroogd zweet en losse haartjes weg. Hiernaast vind je de verschillende borstels die je nodig hebt.

TIP!

Begin bij het borstelen bij de nek van je pony. Borstel langzaam naar beneden. Begin aan de linkerkant van de pony en borstel daarna de rechterkant. Als je van kant wisselt, loop dan altijd via de voorkant van de je pony. En borstel met de groeirichting van de haren mee.

Stap 1: Rosborstel

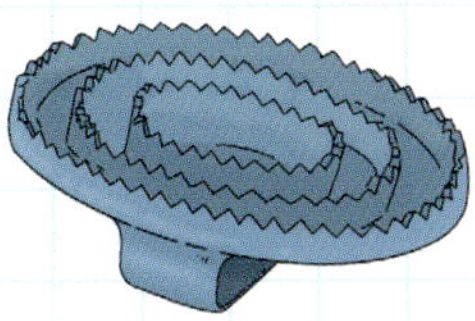

Dit is een rosborstel. Die gebruik je het eerst als je je pony wilt poetsen. Je herkent de borstel aan de ovale vorm met karteltjes. Met een rosborstel kun je de meeste viezigheid wegpoetsen. Dat doe je door de rosborstel met kleine rondjes over de vacht van je pony te bewegen. Je begint bij de nek en dan ga je langzaam naar de billen. Een rosborstel kun je niet gebruiken voor het hoofd en de benen. Bij de buik moet je ook voorzichtig zijn.
En schrik niet: je pony zal er na het gebruik van de rosborstel viezer uitzien dan toen je begon! Er komt nogal wat vuil, stof of haar los. Zit de borstel vol haren? Klop hem uit op de grond en hij is weer schoon.

Stap 2: Harde borstel

Dit is een harde borstel. Hiermee veeg je het vuil weg dat je met de rosborstel hebt los geborsteld. Veeg de borstel over de vacht van je pony. Zit je borstel vol haren? Je kunt hem schoonmaken door hem over de rosborstel de wrijven, dan komen de haren los.

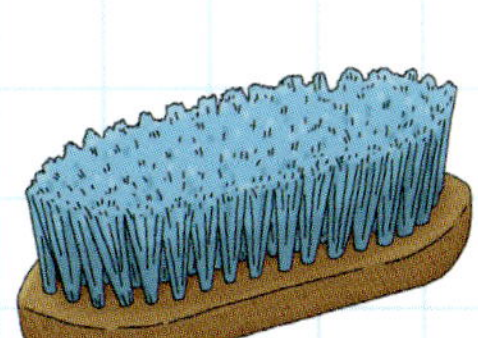

Stap 3: Zachte borstel

Dit is een zachte borstel. Die lijkt op een harde borstel maar de haren zijn veel zachter. Hiermee veeg je het laatste losse vuil en stof uit de vacht. Met deze zachte borstel mag je wel het hoofd en de benen van je pony zachtjes poetsen. Gebruik een rosborstel om de zachte borstel schoon te maken.

Stap 4: Manenkam en staartborstel

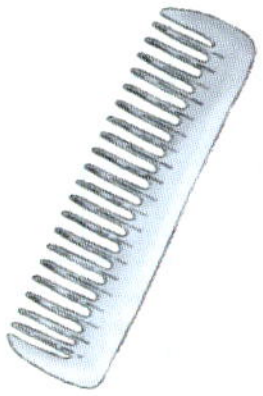

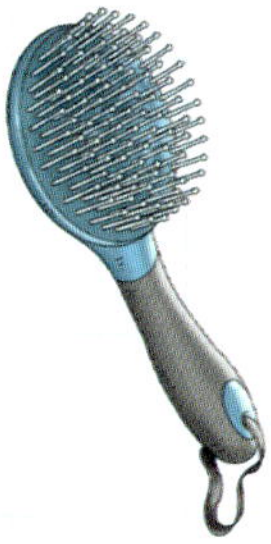

Zo zien een manenkam en een staartborstel eruit. Voordat je begint met kammen, haal je eerst met je vingers stro, takjes, blaadjes of andere viezigheid uit de manen en staart van je pony. Kam daarna met een manenkam plukje voor plukje de manen.
Begin te kammen aan het uiteinde van de haren en kam langzaam omhoog.
Voor de staart kun je de staartborstel gebruiken. Begin bij de staart ook onderaan en kam voorzichtig omhoog.

LET OP! Ga nooit recht achter je pony staan als je de staart kamt. Zelfs de liefste pony kan weleens een trap geven. Ga daarom naast de billen van je pony staan en trek de staart voorzichtig naar de zijkant om te kammen.

Stap 5: Hoevenkrabber

Met een hoevenkrabber kun je de hoeven van je pony schoonmaken. Dit is belangrijk om hoefziekten* op tijd te ontdekken of pijnlijke steentjes weg te halen. Op de meeste hoevenkrabbers zit ook een klein borsteltje, daarmee kun je makkelijk het laatste vuil weg borstelen. Dat is meestal zand, stro of zaagsel.

*Wil je meer weten over hoefziekten, kijk dan op blz. 60.

DIY: Hoeven uitkrabben

Voor je begint: zet je pony goed vast of laat iemand anders hem vasthouden. En zorg ervoor dat je op een handige plek staat, zodat je het been van je pony makkelijk kunt optillen. Bij de voorbenen is dit naast de schouder, bij de achterbenen bij de heup van je pony.

Zo moet het:

1

Ga gebukt naast je pony staan. Let op dat je met je hoofd naast de hoef blijft. Dan word je nooit per ongeluk geraakt als je pony schrikt of opeens zijn been neerzet.

2

Aai met je hand over het been van je pony en knijp er zacht in. Zo laat je weten dat je zijn been wilt optillen. Je pony zal dan vanzelf zijn hoef optillen.

3

Ondersteun de hoef van je pony met één hand, zodat je met je andere hand de hoef kunt uitkrabben. Bij het uitkrabben van de achterste hoeven kun je het achterbeen van je pony laten rusten op je bovenbeen.

4

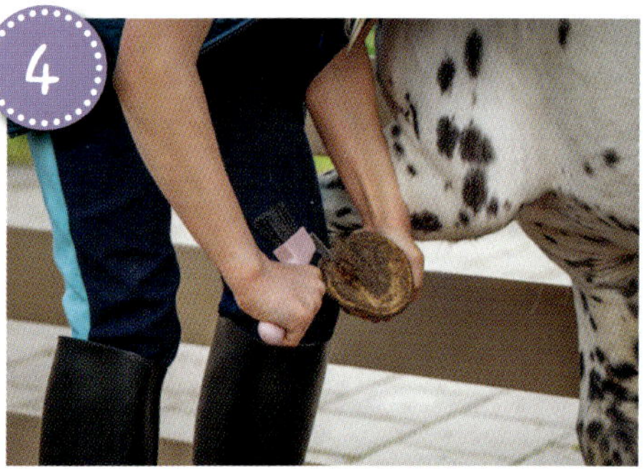

Krab voorzichtig met een hoevenkrabber het vuil, zoals steentjes of mest, weg dat in de straalgroeve van de hoef zit. Hiernaast zie je een illustratie van hoe dat eruitziet. De straal is het v-vormige deel in de hoef. Doe dit altijd heel voorzichtig, want de straalgroeve is heel gevoelig.

5

Is het grootste vuil weg? Met het borsteltje dat op de achterkant van de meeste hoevenkrabbers zit kun je de hoef mooi schoonborstelen.

6

Als de hoef schoon is, laat je je pony zijn been weer op de grond zetten. Dit doe je door zijn been zachtjes naar beneden te begeleiden.

TIP! Beweeg de hoevenkrabber altijd van je af, zodat je jezelf nooit per ongeluk pijn doet.

Staalgroeve

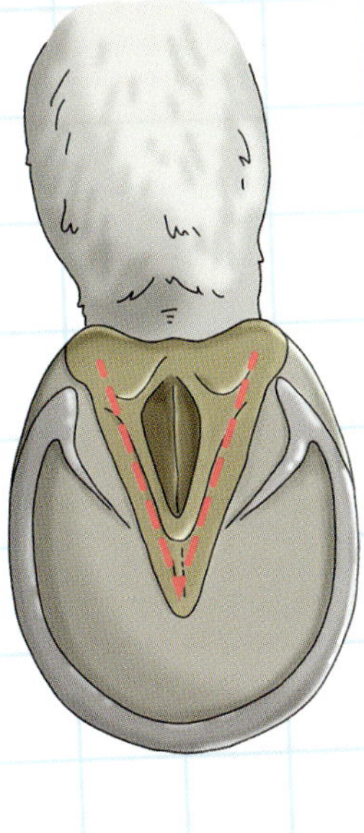

TIP! Zeg altijd hetzelfde woord tegen je pony als je zijn hoef wilt optillen, zoals: voetje! Al snel zal je pony begrijpen wat de bedoeling is als je dit zegt en zelf zijn hoef voor je optillen. Handig hè?

DIY: Wassen

Door de modder rollen... alle pony's doen dat weleens. Zelf hebben ze er niet veel last van. Wassen doe je meestal voor een wedstrijd of als je pony heel vies is. Doe het in elk geval niet te vaak. Pony's hebben namelijk een natuurlijk vetlaagje op hun vacht om ze tegen kou en regen te beschermen.

Voor je begint:

Zet je pony vast op een veilige plek, bijvoorbeeld de poetsplaats op de manege. Pak een emmer met lauwwarm water en een spons. Of gebruik een sproeier of een tuinslang.

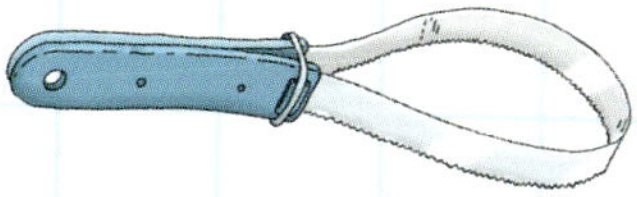

Zweetmes

Emmer met (lauwwarm) water of tuinslang met sproeier

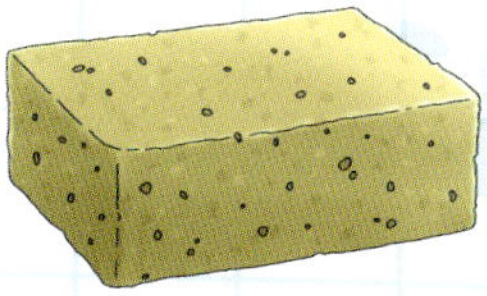

Spons

Paardenshampoo (of groene zeep)

Zo moet het:

Maak je pony voorzichtig nat met de spons en water uit de emmer of de sproeier. Begin bij de voorbenen van je pony. Dit geeft hem de tijd om te begrijpen wat je gaat doen. Ga daarna verder naar de hals en de manen, de rug, de buik, de billen, de achterbenen en de staart.

TIP! Het hoofd van je pony hoef je in principe niet te wassen, of dep die met een vochtige spons voorzichtig schoon.

Doe een beetje paardenshampoo op de spons.

Pak de spons en zeep je pony ermee in. Houd dezelfde volgorde aan als hierboven. De manen en de staart kun je ook met de spons inzepen, of gebruik je handen. Zoals je ook doet als je je eigen haren wast.

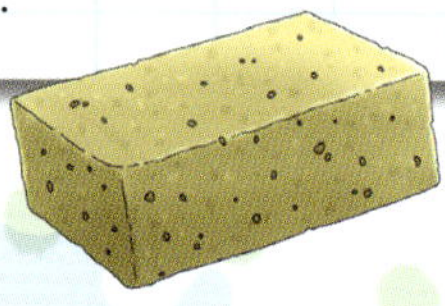

Dan het allerbelangrijkste: spoel de shampoo heel goed uit, anders kan de huid van de pony geïrriteerd raken. Pak een emmer of de sproeier en spoel de vacht een paar keer met een vochtige spons tot je geen schuimresten meer ziet.

Is je pony goed afgespoeld, pak dan het zweetmes. Trek dat zachtjes over de vacht, van boven naar beneden, om zoveel mogelijk water uit de vacht te duwen. Je kunt de benen afdrogen met een handdoek.

Het lijkt een beetje op ramen lappen!

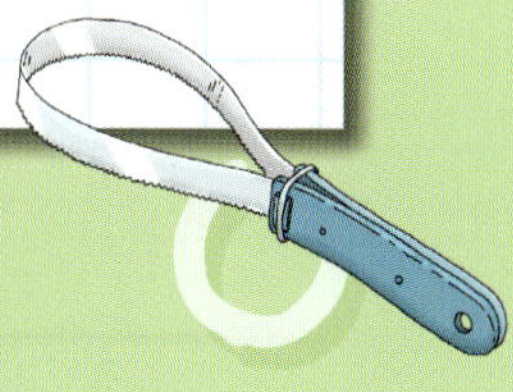

Ben je klaar? Stap je pony daarna droog. Dat betekent dat je ervoor zorgt dat hij in beweging blijft, zodat hij het niet koud krijgt. Je kunt hem ook een (zweet)deken omdoen om hem warm te houden en hem op stal zetten.

Kleuren

Pony's komen in allerlei kleuren voor. Hieronder zie je in welke kleuren ze het meest voorkomen.

Bruin

De vacht van een bruine pony kan van lichtbruin tot heel donkerbruin of zelfs zwart zijn. De manen en de staart zijn altijd zwart.
Op de benen kunnen witte vlekken zitten. Die vlekken noem je ook wel 'aftekeningen' (lees hier meer over op blz. 44).

Een pony is zwart als zowel zijn vacht, manen, de staart en de onderbenen zwart zijn. Op de benen kunnen wel witte aftekeningen zitten.

Zwart

Vos

Een pony wordt een 'vos' genoemd als hij een roodbruine vacht heeft. De kleur van een vos dus! De manen, de staart en de onderbenen hebben meestal dezelfde kleur. Ze kunnen ook lichter of donkerder zijn, maar in elk geval nooit zwart.

Bont

Een bonte pony heeft altijd één basiskleur: zwart, bruin of vos, met witte vlekken op zijn vacht.

Palomino

Een pony met een goudkleurige vacht en witte manen en staart wordt een Palomino genoemd.

Schimmel

Schimmels hebben een witte vacht, maar ze worden niet met een witte vacht geboren. Ze zijn als veulen bruin, vos of zwart. Hun huid is zwart en ook hun ogen zijn donker. Als ze ouder worden, worden ze witter en witter. Niet alle witte pony's zijn schimmels. Sommige pony's zijn al bij de geboorte wit. Zij hebben geen zwarte huid, zoals schimmels, maar een lichte huid. Dat noem je een witte pony.

Stip is een Appaloosa, dat is een pony met stippen. Dit paardenras is heel herkenbaar door het stippenpatroon op hun vacht.

Aftekeningen

Zo noem je de witte vlekken op het hoofd, de benen en andere lichaamsdelen van een pony. Hieronder staan aftekeningen die vaak voorkomen.

Kol

Een kol is een witte vlek op het voorhoofd.

Bles

Een bles is een witte vlek die van het voorhoofd tot de snuit kan lopen.

Sneb

Een sneb is een witte vlek op de neus of lippen.

Sok

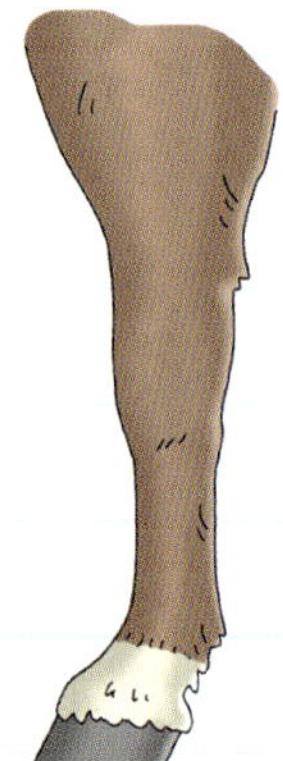

Een sok is een witte vlek tot de bovenkant van de koot.

DIY: Stal uitmesten

De stal uitmesten... misschien niet het leukste taakje, maar wel een heel belangrijke! In poep en plas leven allerlei bacteriën* waar je pony ziek van kan worden.

TIP! Voor je begint: haal je pony uit de stal en zet hem op een veilige plek, bijvoorbeeld in de wei.

*dat zijn heel kleine beestjes die je zonder vergrootglas niet eens kunt zien!

Stal uitmesten, zo moet het:

Pak een kruiwagen, schep of mestvork.

Schep het schone en droge stro naar één kant van de stal.

Haal met een mestvork of schep de mest en de natte plekken eruit en doe deze in de kruiwagen.

TIP! Mest de stal 1 keer per week goed uit. Schep elke dag de mest uit de stal en vergeet ook het weiland niet!

Nu kun je het schone stro dat je naar één kant van de stal had geschept weer verdelen. Leg er vers en schoon stro bovenop.

Leeg de kruiwagen op de mesthoop of waar dat mag.

Nu kan je pony weer veilig terug in zijn schone stal.

Wist je dat...

Een paard 30 tot 35 liter water per dag drinkt? Op warme dagen soms zelfs wel 50 liter water. Stel je voor dat jij dat zou moeten opdrinken... Dat zijn wel 50 flessen limonade! Zorg er daarom voor dat je pony of paard altijd genoeg water heeft. Dit kan via een automatische drinkbak, een waterkuip of een emmer.

Paardrijden

Niets is leuker dan paardrijden! En het is ook gezond voor je pony, want elke pony heeft beweging nodig.

Opzadelen

Als je pony schoon is geborsteld en schone hoeven heeft, kun je gaan opzadelen. Begin met het zadel en doe daarna het hoofdstel om bij je pony. Als je net begint met rijden, vraag dan of iemand je wil helpen met opzadelen.

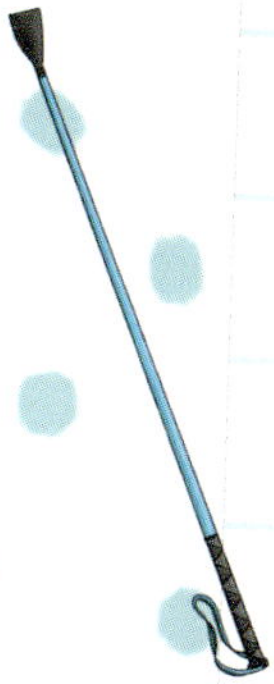

Wat heb je nodig om te kunnen paardrijden?

Cap

Stap nooit op een pony zonder cap! Een cap beschermt je hoofd als je valt of in botsing komt met een paardenhoofd of hoef. Het dragen van een cap is verplicht als je gaat paardrijden.

Paardrijlaarzen

Rij altijd met rijlaarzen met een hakje, zodat je voet niet door de stijgbeugel kan schieten. Met 'normale' schoenen zoals gymschoenen, kun je door de stijgbeugel heen schieten. Als je van je pony valt is dat heel gevaarlijk.

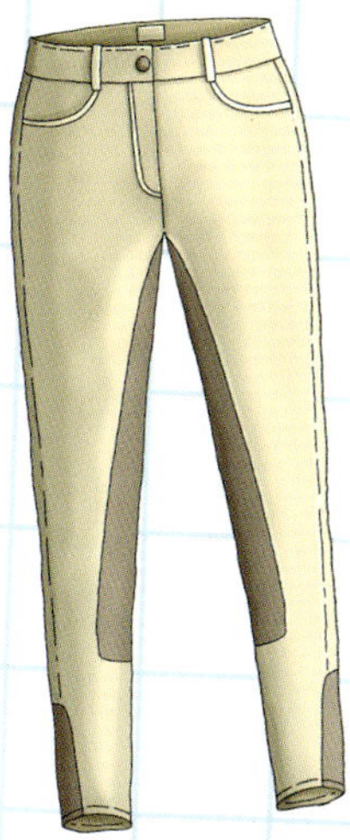

Paardrijbroek

Een paardrijbroek beschermt je benen tegen schuurplekken die kunnen ontstaan tijdens het rijden.

Bodyprotector

Dit is een soort bodywarmer, die je bovenlijf beschermt als je valt bij het paardrijden. Je draagt die over je zomerjas of bovenkleding. Een bodyprotector is niet verplicht.

Wat heb je voor je pony nodig?

Hoofdstel met teugels

Zadel met stijgbeugels

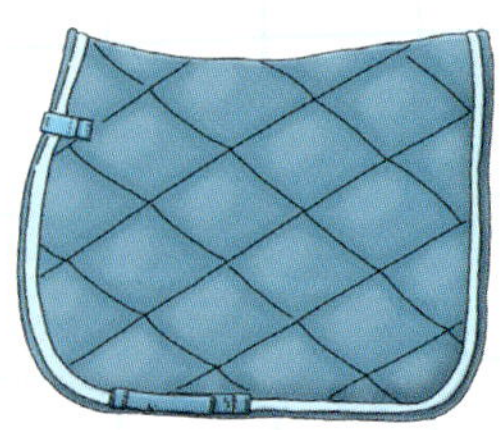

Dekje

Opstijgen - Zo moet het:

1

Laat je pony stilstaan.

2

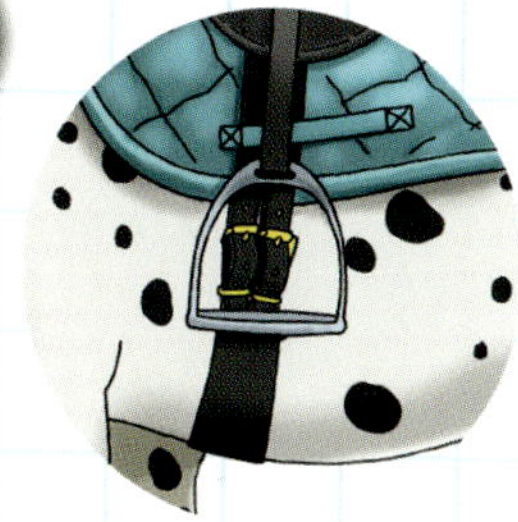

Zorg ervoor dat de stijgbeugels op de goede hoogte hangen en trek de singel van het zadel aan. Vraag hierbij om hulp van je rij-instructeur of een ervaren ruiter.

3

Ga aan de linkerkant van je pony staan (het liefst op een krukje of een ander opstapje), met je gezicht naar de staart. Pak de teugels in je linkerhand.

4

Zet je linkervoet in de stijgbeugel en pak met je rechterhand het zadel vast. Let goed op dat je niet per ongeluk met je tenen in de buik van je pony prikt.

5

Zwaai je been voorzichtig over de rug van je pony en zak zachtjes in het zadel.

6

Pak de teugels in allebei je handen en doe je rechtervoet in de stijgbeugel. Klaar!

De teugels vasthouden

Paardrijden kan niet zonder teugels. Maar hoe hou je teugels eigenlijk vast? Rijd altijd met de teugels in twee handen. Houd je handen rechtop en maak een vuist met je duim naar boven. In elke handpalm houd je de teugel tussen je pink en ringvinger. Leg daarna je duim over de teugel, zodat de teugel niet uit je hand kan glijden. Je handen houd je vlak bij de schoft van je pony, een klein stukje uit elkaar.

Hulpen

Hulpen zijn tekens waarmee je je pony duidelijk kunt maken wat je van hem wil. Er zijn teugelhulpen en beenhulpen. Met teugelhulpen kun je je pony sturen of laten stoppen. Dat doe je door zacht in de teugels te knijpen. Met beenhulpen druk je zachtjes tegen de buik van een pony, om hem sneller te laten gaan.

Stappen

Als je je pony wilt laten stappen, spoor je hem aan door zacht met je kuiten tegen de buik van je pony te duwen. Ook kun je zachte druk op de teugels geven. Als je pony begint te stappen, voel je een schommelende beweging. Ontspan je armen en je heupen en beweeg mee met het tempo van je pony.

Stilstaan

Als je je pony wilt laten stilstaan, kun je je gewicht een beetje naar achteren brengen en zacht in de teugels knijpen. Ook kun je ‘halt’ zeggen: veel pony’s hebben geleerd wat ze moeten doen als je dit zegt.

LET OP! Trek nooit hard aan de teugels, want dit doet pijn in de mond van je pony.

Draven

Als je je pony wilt laten draven, geef je meer druk met je onderbenen. Als een pony draaft, word je steeds een beetje omhoog gegooid in het zadel. De meeste beginners zullen op het zadel 'stuiteren' als ze voor het eerst gaan draven. Het is het fijnst voor jezelf en de pony als je gaat 'lichtrijden' tijdens het draven.

Dat betekent dat je meebeweegt als je pony je omhoog gooit. Dan ga je kort in de stijgbeugels staan. Daarna ga je weer zachtjes zitten. Lichtrijden is dus eigenlijk een sta-zit-sta-zit-beweging. Je kunt ook 'doorzitten', dan blijf je gewoon in het zadel zitten.

Galopperen

Wil je je pony laten galopperen, blijf dan een paar passen doorzitten. (Je stopt met lichtrijden en blijft in het zadel zitten). Leg dan je buitenbeen achter de singel en geef druk. Je pony zal dan gaan galopperen. In galop hoef je niet te lichtrijden, maar blijf je in het zadel zitten. Je beweegt mee met je pony. Je pony laten overgaan tot galop gaat het gemakkelijkste in een wending, dus bijvoorbeeld als je een rondje rijdt.

Wenden

'Wenden' betekent dat je je pony naar links of naar rechts wilt sturen. Dit doe je door zachtjes met je linker- of rechterbeen druk uit te oefenen.

Afstappen - Zo moet het:

1

Laat je pony stilstaan.

2

Houd de teugels in je linkerhand.

3

Steun met je handen op de voorkant van het zadel en haal je rechtervoet uit de stijgbeugel.

4

Zwaai je rechterbeen voorzichtig over de rug van je pony. Verplaats je rechterhand naar de achterkant van het zadel.

5

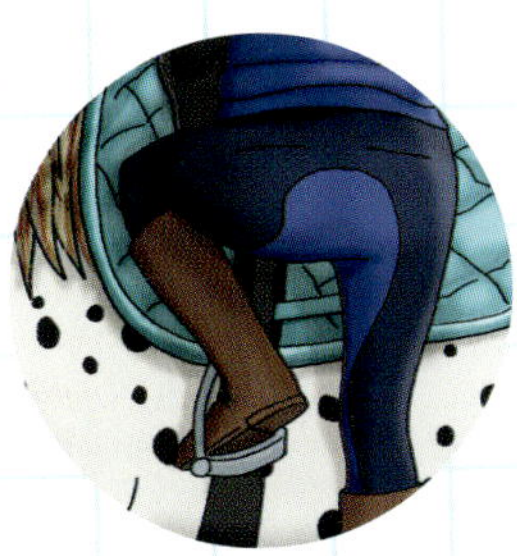

Haal je linkervoet uit de stijgbeugel en laat je rustig naar beneden zakken, tot je weer veilig op de grond staat.

6

Blijf de teugels vasthouden, zodat je pony blijft staan.

Klaar met rijden?

Dan mag je je pony afzadelen en verzorgen. Doe het hoofdstel voorzichtig af en zet je pony vast aan het halster en een halstertouw. Dan mag het zadel af. Daarna kun je je pony nog even poetsen en zijn hoeven uitkrabben.

DIY: Een visgraatvlecht maken

Het invlechten van de manen en staart van je pony is leuk voor een wedstrijd, maar het is ook gewoon leuk om te doen! Je kunt een simpele, gewone vlecht maken of invlechten (zie blz. 26). Je kunt natuurlijk een eenvoudige, 'platte' vlecht maken, maar er zijn ook speciale vlechten, zoals de visgraatvlecht. Deze kun je in de voorpluk van je pony maken en ook in de staart.

TIP!

Maak je een vlecht in de staart? Ga dan altijd naast je pony staan. Zo kan hij je niet per ongeluk trappen als hij schrikt.

Wat heb je nodig?

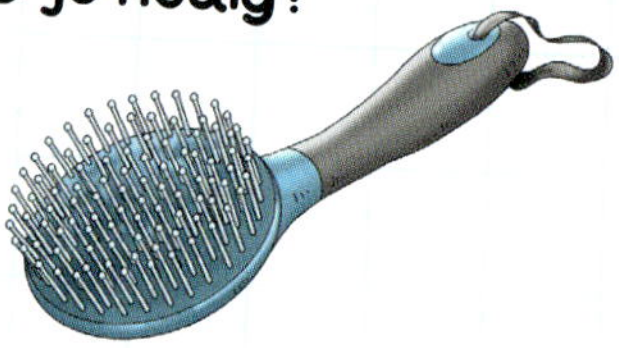

Staartborstel

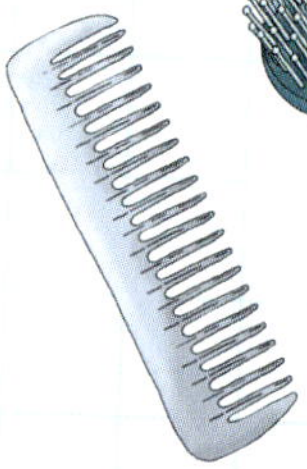

Manenkam

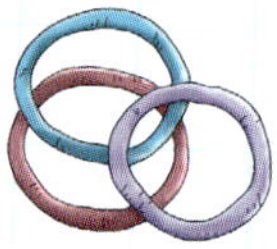

Paardenelastiekjes

Extra: Groene zeep of paardenshampoo

Zo moet het:

1. Borstel de voorpluk goed door zodat er geen klitten in zitten.

2. Begin boven aan de voorpluk. Pak links en rechts het meest buitenste plukje en leg die over elkaar heen. Een visgraatvlecht maak je met twee plukjes.

3. Pak een nieuw plukje aan de linkerkant en aan de rechterkant en leg die weer over elkaar heen. Ga zo verder, totdat je een mooie lange vlecht hebt.

4. Vlecht door tot helemaal onderaan en zet de vlecht vast met een elastiekje.

TIP! Probeer steeds even grote plukjes te maken, zodat de vlecht overal even dik is.

TIP! Zorg ervoor dat de manen en de staart schoon zijn voordat je begint met vlechten. Is de staart erg vies? Je kunt de staart wassen met groene zeep of speciale paardenshampoo.

Lees meer over het wassen van je pony op blz. 38.

DIY: Knotjes maken

Wat heb je nodig?

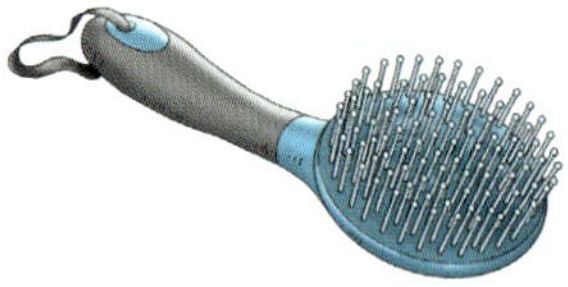
Manenborstel

Paardenelastiekjes

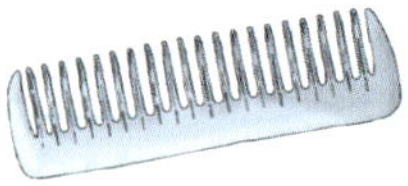
Manenkam

Voor je begint: borstel de manen goed door tot er geen klitten meer in zitten.

Zo moet het:

Verdeel de manen met een manenkam in gelijke plukken en maak staartjes. Gebruik een manenkam om mooie rechte scheidingen te maken en paardenelastiekjes voor de staartjes.

TIP! Vergeet de voorpluk (de pluk haar tussen de oren) van je pony niet!

Nu kun je beginnen met vlechten. Maak het voorste staartje los. Verdeel de pluk in drie gelijke strengen en maak een gewoon vlechtje.

Het uiteinde van het vlechtje vouw je dubbel, zodat je geen los plukje onder aan het elastiek overhoudt. Zet vast met een paardenelastiekje.

Doe hetzelfde met alle andere staartjes. Let op: Hoe strakker de vlechtjes, hoe mooier de knotjes. Pas op dat je de bovenkant van de manen niet te strak aantrekt, dat kan pijn doen.

Als de vlechtjes klaar zijn, kun je ze oprollen tot een knotje. Maak vast met een elastiekje.

Doe dit bij alle vlechtjes, tot je alleen knotjes over hebt. Klaar!

Woordenlijst

Aan de hand leiden: met je pony aan een halstertouw of aan de teugel ergens naartoe lopen.

Aftekeningen: zo noem je de witte vlekken op het hoofd, de benen en andere lichaamsdelen van een pony.

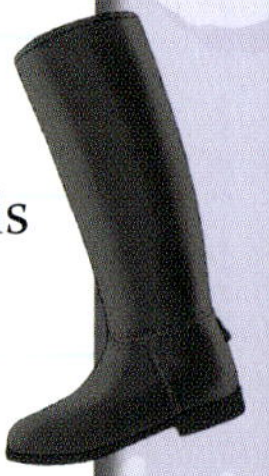

Bekappen: zo wordt de verzorging van de paardenhoef genoemd. Het is een beetje als nagels knippen.

Biks: paardenbrokjes.

Cap: de helm die je op je hoofd zet als je gaat paardrijden om je hoofd te beschermen.

Doorzitten: het betekent dat je niet meer gaat lichtrijden, maar in het zadel blijft zitten.

Flemen: zo noem je het als je pony zijn lip in de lucht steekt als hij een onbekende of interessante geur ruikt.

Halster: paardentuig dat je om het hoofd van je pony doet om hem ergens naartoe te leiden of vast te zetten.

Halstertouw: touw dat je vastmaakt aan het halster om je pony ergens naartoe te leiden of vast te zetten.

Halthouden: het paard stil laten staan.

Hengst: jongenspony.

Hinniken: geluid dat je pony maakt.

Hoef: de voet van je pony.

Hoefziekten: er bestaan verschillende hoefproblemen, zoals hoefbevangenheid, rotstraal, zoolzweer of brokkelhoeven. Controleer dagelijks de hoeven van je pony. Laat eens in de twee maanden een hoefsmid komen. Als je denkt dat je pony een hoefziekte heeft, bel dan altijd een hoefsmid of dierenarts.

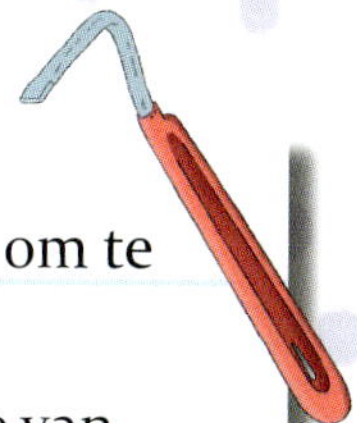

Hoofdstel: Het tuig aan het hoofd van je pony, dat je gebruikt om te gaan paardrijden.

Hulpen: tekens waarmee je je pony duidelijk kunt maken wat je van hem wilt. Dit doe je bijvoorbeeld met de teugels, je benen, je zit, je handen en je stem.

Manen: de lange haren aan de hals van je pony.

Merrie: meisjespony.

Mestvork: hulpmiddel om mest op te ruimen.

Paardenknoop: speciale knoop waarmee je je pony veilig kunt vastzetten, bijvoorbeeld om hem te borstelen.

Ruin: jongenspony die is gecastreerd.

Schoft: het bultje waar de de hals overgaat in de rug, op de hoogte van de schouders van je pony.

Schofthoogte: hiermee wordt de grootte van een pony of paard aangegeven. Het is de afstand van de grond tot de bovenkant van de schoft (dit wordt ook 'stokmaat' genoemd).

Singel: de buikriem van een zadel, waarmee je het zadel vastmaakt op de rug van je pony.

Stijgbeugels: metalen ringen aan beide kanten van het zadel, waarin je je voeten zet als je gaat paardrijden.

Straalgroeve: het v-vormige deel aan de binnenkant van de hoef.

Teugels: riem aan het hoofstel van je pony, waarmee je kunt sturen.

Veulen: pasgeboren pony of paard.

Zadel: een leren zitkussen op de rug van een pony, om hem te kunnen berijden.

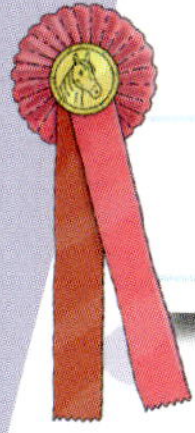
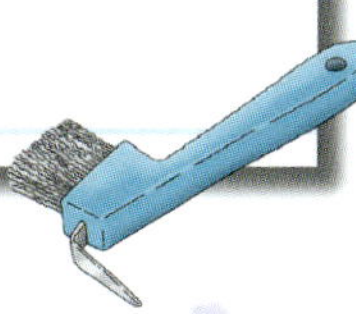
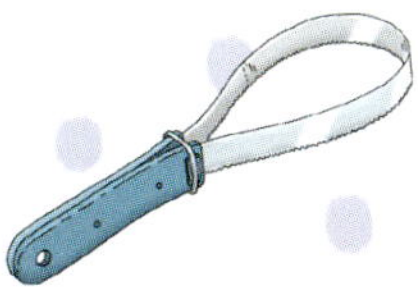

We hopen dat je dit een leuk boek vond en dat je veel over pony's hebt geleerd.

Groetjes, Stip en Emma